RECHERCHES

SUR L'EMPLACEMENT VÉRITABLE

DU TOMBEAU D'HÉLÈNE

REINE D'ADIABÈNE

RECHERCHES

SUR L'EMPLACEMENT VÉRITABLE

DU

TOMBEAU D'HÉLÈNE

REINE D'ADIABÈNE

PAR

F. DE SAULCY

Membre de l'Institut (Académie des Inscriptions et Belles-Lettres)

PARIS

IMPRIMERIE DE J. CLAYE

RUE SAINT-BENOIT

1869

AVANT-PROPOS

Le mémoire qui va suivre était destiné, dans ma pensée, au Recueil de l'Académie des inscriptions et belles-lettres. Il a subi les deux lectures réglementaires, devant la docte compagnie, et a donné lieu à une assez longue discussion qui n'a en rien modifié mes idées, ni affaibli mes arguments.

Entraîné par la force des choses, j'ai dû, lorsqu'il s'agissait d'un point de doctrine archéologique pure, prendre à partie certaines idées émises par un de mes savants confrères, qui d'ailleurs prêche d'exemple et ne renonce jamais au droit de repousser franchement et nettement tout ce qui contrarie les opinions adoptées par lui.

Je suppose que dans ce fait seul se trouve la cause du rejet de mon mémoire. Je m'incline respectueusement devant ce rejet, tout anonyme qu'il est, et je me borne à exprimer le vif regret qu'il m'inspire.

D'un autre côté, comme je n'ai pas changé d'avis sur le point de doctrine archéologique dont il s'agit, je m'empresse de faire imprimer mon mémoire, suivi de deux simples notes additionnelles auxquelles la discussion soutenue par moi devant l'Académie a forcément donné naissance.

AVANT-PROPOS.

A propos de mon mémoire sur les monuments d'Aâraq-el-Emyr, publié dans le Recueil de l'Académie des inscriptions et belles-lettres, mon savant contradicteur a inséré les phrases suivantes, dans son compte rendu des travaux de l'année écoulée, sur toutes les branches de l'érudition orientale (*Journal asiatique*, n° de juillet-août 1868) : « Dans un récent mémoire, M. de Saulcy a maintenu ses anciennes opinions sur l'enceinte du Harem-esch-Scherif; dans un second mémoire, il a traité à son point de vue la question d'Aâraq-el-Emyr, qu'il rapporte, par des raisons qui n'entraîneront peut-être pas tout le monde, à une époque beaucoup plus ancienne que M. de Vogüé, etc. »

Je n'ai certes pas la prétention de gagner tout le monde à mes opinions. Peu m'importe la quantité des adhésions, c'est à la qualité que je m'attache, et j'ai raison, je crois. J'ai pour moi le jugement de notre illustre et regretté confrère M. le duc de Luynes, celui de M. Viollet-le-Duc, juge assez compétent, j'imagine, et celui des faits matériels mis au jour par les fouilles anglaises. Cela me suffit amplement.

F. DE SAULCY.

Paris, 3 mars 1869.

RECHERCHES

SUR L'EMPLACEMENT VÉRITABLE

DU TOMBEAU D'HÉLÈNE

REINE D'ADIABÈNE

Parmi tous les monuments qui ornèrent jadis la Ville Sainte et ses alentours, il en est un dont la position topographique a été et est encore plus que jamais un sujet de discussion passionnée. C'est du tombeau d'Hélène, reine d'Adiabène, et mère du roi Izates, que je veux parler.

A-t-on jusqu'ici discuté les textes qui concernent ce monument, sans autre parti pris que celui d'y rechercher patiemment, mais opiniâtrément, la vérité? Je ne le crois pas; et c'est ce travail tout analytique, tout logique, tout mathématique, veux-je dire, qui reste à faire, que j'entends entreprendre aujourd'hui.

Tous les passages des écrivains de l'antiquité qui mentionnent le tombeau d'Hélène, je me propose de les examiner minutieusement, afin d'en déduire les conséquences qui déterminent rigoureusement la position qu'il a dû occuper, en dehors des murailles de Jérusalem.

Quand, ainsi que je l'espère, j'aurai démontré de façon à satisfaire les plus exigeants le point où il faut chercher les traces du tombeau d'Hélène, j'aurai, je l'espère aussi, démontré du même coup l'impossibilité radicale de placer ailleurs ce monument illustre.

Avant tout, il est nécessaire de rappeler un fait primordial, démontré il y a bien longtemps déjà par notre illustre d'Anville, et qu'on s'est depuis vainement efforcé d'infirmer. Je veux parler de l'identité pour ainsi dire parfaite, quant au tracé, de l'enceinte de la Jérusalem assiégée par Titus, et de la Jérusalem moderne. Robinson et Schulz ont, sur ce point, essayé de substituer des rêveries à la réalité qui saute aux yeux, lorsqu'on étudie la question sur le terrain. Moi-même, séduit par le mérite incontestable de ces deux écrivains, je m'étais d'abord laissé aller, faute d'un examen suffisant, à adopter le tracé de Schulz; lors de mon premier séjour à Jérusalem. Mais, lorsqu'un peu plus tard je cherchai, textes en main, à me faire une conviction établie sur quelque chose de mieux que ma confiance dans les opinions de ces illustres savants, je ne tardai pas à acquérir la certitude que leurs opinions étaient complétement erronées, et que ce que j'avais de mieux à faire était d'abandonner au plus vite des idées qui ne supportaient pas l'examen.

Il n'y a plus personne aujourd'hui qui se hasarde à soutenir une thèse aussi peu fondée, et tous ceux qui se sont livrés à l'étude sérieuse des enceintes successives de Jérusalem reconnaissent d'un accord unanime que sur ce point désormais la lumière est faite.

Je ne perdrai donc pas de temps à développer de nouveau une démonstration que j'ai donnée ailleurs, et je passe outre sans autre préambule.

Citons d'abord quelques cotes de nivellement et de distance qu'il importe de fixer.

Le seuil de la porte actuelle de Damas, Bab-el-Aâmoud, ouverte entre les deux tours antiques qui s'appelaient Tours des Femmes, est à la cote 765 mètres (c'est-à-dire à 765 mètres au-dessus du niveau de la mer). La cote des Qbour-el-Molouk est 768. Il y a donc trois mètres d'altitude de différence en tout entre le seuil de la porte de Jérusalem et le plateau dans lequel s'ouvre la grande excavation sépulcrale qui porte le nom de Tombeau des Rois.

La cote du fond du ravin qui sépare ce plateau du mont Scopus est 739 mètres, au point où la route de Naplouse recoupe le Thalweg. Enfin la cote du plateau du Scopus occupé par le premier camp de Titus est 777 mètres.

Les distances horizontales de ces divers points sont les suivantes :

Entre la Bab-el-Aâmoud et le Tombeau des Rois, il y a 770 mètres.

Entre les tombeaux des Rois et le Thalweg de la vallée qui les sépare du Scopus, il y a 276 mètres.

Entre ce même Thalweg et le front du camp de Titus, il y a 320 mètres.

Enfin, entre le Bab-el-Aâmoud et un pâté de rochers placé au nord, quelques degrés ouest, de cette porte, et dans lequel sont percées des excavations sépulcrales antiques, il y a 205 mètres.

Nous vous rappellerons ces différents chiffres quand le moment sera venu de les utiliser; mais disons dès maintenant que ces chiffres ne sont pas de moi, car on pourrait, suivant l'habitude, les tenir en suspicion pour cette seule et unique raison. Ils résultent des observations de M. le chef d'escadron d'état-major Gélis, dont personne, j'imagine, ne sera tenté de contester la compétence en matière de topographie.

Tout cela posé, procédons par ordre chronologique, et donnons la série complète des passages empruntés aux écrivains de l'antiquité et qui concernent le tombeau d'Hélène, reine d'Adiabène.

L'historien Flavius Josèphe est le premier qui en parle. Nous lisons dans son livre des *Antiquités judaïques* (XX, IV, 3):

Ὁ δὲ Μονόβαζος τά τε ἐκείνης ὀστᾶ καὶ τὰ τοῦ ἀδελφοῦ, πέμψας εἰς Ἱεροσόλυμα, θάψαι προσέταξεν ἐν ταῖς πυραμίσιν, ἃς ἡ μήτηρ κατεσκευάκει, τρεῖς τὸν ἀριθμὸν τρία στάδια τῆς τῶν Ἱεροσολυμιτῶν πόλεως ἀπεχούσας.

De ce premier passage, il résulte que les restes de la reine Hélène et de son fils Izates furent ensevelis par l'ordre du roi Monobaze, frère aîné et successeur d'Izates, dans les pyramides, au nombre de trois, qu'Hélène avait fait construire de son vivant, et qui étaient distantes de Jérusalem de trois stades.

Analysons ce premier passage. Le chiffre *trois*, quand il s'agit des pyramides élevées par ordre d'Hélène, ne saurait être suspect. Un coup d'œil, en effet, suffit pour constater qu'un monument se compose de trois pyramides, plutôt que de deux ou d'une seulement. Sur ce point, donc, la mémoire de Josèphe n'a pu le tromper.

En est-il de même lorsqu'il s'agit d'une distance comptée entre deux points, et que l'historien ne s'est certainement pas donné la peine de mesurer exactement? Je ne le crois guère !

Maintenant, quel est le stade dont se sert l'historien? Est-ce le stade olympique, équivalant à 185 de nos mètres, ou bien est-ce, comme l'a si bien établi d'Anville, le stade judaïque, qui n'équivaut qu'à 140 mètres? C'est là une question qu'il n'est guère possible de trancher.

S'il est question du stade olympique, nous avons une distance de $3 \times 185 = 555$ mètres.

S'il s'agit du stade judaïque, nous n'avons plus que $3 \times 140 = 420$ mètres.

En tout cas, comme le chiffre *trois stades* est évidemment un chiffre rond, et malheureusement un chiffre de Josèphe (nous savons de reste ce qu'ils valent; je l'ai démontré dans une autre occasion), nous sommes peu disposés à en faire grand cas.

Qu'on ne se hâte pas, du reste, de conclure de ce que je viens de dire que j'en prends fort à mon aise, et que je mets résolûment de côté tous les chiffres qui me gênent; ce serait imprudent, car je m'engage à prouver, par le témoignage de Josèphe lui-même, que ce chiffre de trois stades est absolument faux et inadmissible.

Maintenant, passons au second renseignement topographique que nous fournit l'historien des Juifs. Il est emprunté au livre sur la guerre judaïque (V, IV, 2). Nous y lisons, à propos de la troisième muraille de Jérusalem, commencée et laissée inachevée par Hérode Agrippa :

Τῷ τρίτῳ δὲ ἦν ἀρχὴ ὁ Ἱππικὸς πύργος, ὅθεν μέχρι τοῦ βορείου κλίματος, κατατείνον ἐπὶ τὸν ψήφινον πύργον, ἔπειτα καθῆκον ἀντικρὺ τῶν Ἑλένης μνημείων (Ἀδιαβηνὴ βασιλὶς ἦν αὕτη, Ἰζάτου βασιλέως μήτηρ) καὶ διὰ σπηλαίων βασιλικῶν μηκυνόμενον ἐκάμπτετο μὲν γωνιαίῳ πύργῳ κατὰ τὸ Κναφέως προσαγορευόμενον μνῆμα· τῷ δὲ ἀρχαίῳ περιβόλῳ συνάπτον εἰς τὴν Κεδρῶνα καλουμένην φάραγγα κατέληγεν.

Cette fois, nous nous trouvons en présence d'un passage dont la précision topographique ne laisse rien à désirer.

Le troisième mur, celui d'Agrippa, partait de la tour Hippicus, et de là se dirigeait, en remontant au nord, vers la tour Psephina, ainsi nommée parce qu'elle était bâtie de petites pierres, puis passait devant le tombeau d'Hélène (τῶν Ἑλένης μνημείων, les monuments d'Hélène, c'est-à-dire le groupe des trois pyramides dont il a été question plus haut), et, se prolongeant à travers les Cavernes Royales, il s'infléchissait à la tour Angulaire, placée près du monument dit du Foulon, et, rejoignant l'enceinte Antique, il prenait fin contre la vallée du Cédron.

La tour Hippicus n'est pas le moins du monde la tour actuelle dite de David. Car celle-ci doit être identifiée avec la tour Phasaël, sans aucune espèce de doute possible. La tour Hippicus aujourd'hui, comme lorsque Josèphe écrivait, sert toujours de point de départ à la branche rectiligne de l'enceinte qui s'élève vers le nord jusqu'au Qasr-Djaloûd, que tout le monde identifie maintenant avec la tour Psephina. A partir du Qasr-Djaloud, qui formait le saillant que Titus eut le bon sens d'attaquer tout d'abord, l'enceinte de Jérusalem va passer précisément, comme le dit Josèphe, à travers les Cavernes Royales, qui ont, lors de l'agrandissement de la ville par Agrippa, été coupées en deux tronçons, dont l'extérieur constitue la grotte de Jérémie et l'intérieur la vaste grotte qui n'est connue que depuis une douzaine d'années, et qui s'étend sous le quartier de Bezetha. Ce sont, de l'aveu de tout le monde, ces immenses carrières que Josèphe désigne sous le nom de Cavernes Royales, et il est vraiment curieux de voir que, de nos jours, la belle pierre de Jérusalem, calcaire compacte veiné de rose, s'appelle toujours maleki, c'est-à-dire pierre royale.

Le monument dit du Foulon n'existe probablement plus, et il aura été exploité comme carrière, si c'était un caveau excavé dans le roc. Quant à la tour Angulaire, une tour moderne a pris sa place, mais en occupant la même base ménagée dans le roc. Ainsi donc, tout est vrai, tout est exact dans ce passage de Josèphe, et nous en pouvons conclure que, puisque le mur d'Agrippa passait devant le monument d'Hélène, avant d'atteindre les Cavernes Royales, c'est entre ces Cavernes Royales et la tour Psephina ou Qasr-Djaloud que se trouvait le tombeau d'Hélène. Le mur d'Agrippa était ἀντικρὺ, *en face* de ce tombeau; il n'y avait donc rien entre ce tombeau et le mur.

Poursuivons :

Le troisième passage de Josèphe où nous trouvons mentionné le tombeau de la reine d'Adiabène est le suivant (*Bell. Jud.*, V, ii, 2) :

Ἐπεὶ δὲ ἐκ τῆς ὁδοῦ πρὸς τὸν ψήφινον πύργον ἀποκλίνας πλάγιον ἦγε τὸ τῶν ἱππέων στῖφος, προπηδήσαντες ἐξαίφνης ἄπειροι κατὰ τοὺς γυναικείους καλουμένους πύργους διὰ τῆς ἀντικρὺ τῶν Ἑλένης μνημείων πύλης, διεκπαίουσι τῆς ἵππου, κ. τ. λ,

Il s'agit ici de l'imprudente marche de flanc que risqua Titus, lorsqu'il quitta la Voie Antique, remplacée actuellement par la route de Naplouse, afin de se diriger du côté de la tour Psephina, dont il voulait reconnaître la position exacte et les abords. A peine ce mouvement malheureux était-il commencé, que les Juifs, sortant en foule en avant des tours dites des Femmes, par la porte placée en face des monuments d'Hélène (διὰ τῆς ἀντικρὺ τῶν Ἑλένης μνημείων πύλης), coupèrent la colonne de cavalerie romaine.

Ce passage ne nous apprend qu'une chose, c'est qu'il y avait, à proximité immédiate des tours des Femmes, une porte située en face du tombeau d'Hélène. Me permettra-t-on de conclure de cette désignation explicite que le tombeau d'Hélène devait être bien voisin de la porte en question ? J'ose l'espérer.

Cette porte, elle était précisément placée entre les deux tours des Femmes, où l'on en voit encore le cintre à demi enterré. En face de cette porte, il y avait un théâtre dont j'ai reconnu les ruines, et qui bordait la route Antique. Pourquoi désigner la porte en question par la proximité du tombeau d'Hélène, plutôt que par celle du théâtre, si le tombeau d'Hélène n'était pas plus proche des murailles que ce théâtre lui-même ? Il est vrai que l'on est en droit d'objecter que peut-être la construction de ce théâtre est postérieure à l'époque du siége. A cela je n'ai qu'une chose à répondre, c'est que les fouilles récemment ordonnées par la communauté grecque de Jérusalem, à côté de ce théâtre, ont fait reconnaître une citerne très-antique, véritablement monumentale, et qui a certainement été rattachée à un édifice des plus importants ; pourquoi ne pas citer celui-ci, et citer le tombeau d'Hélène, si ce tombeau n'était pas plus voisin des murailles que tous les autres monuments établis de ce côté de Jérusalem ?

Au reste, je ne me dissimule pas, je me hâte de le dire, la faiblesse de l'argument que je tire de ce troisième passage emprunté à Josèphe. Mais, heureusement, j'ai mieux que cela.

Jusqu'ici, tous les savants qui ont cherché à déterminer l'emplacement du tombeau d'Hélène se sont contentés de citer les trois passages que je viens d'extraire des écrits de Josèphe. Ils ont eu tort de s'arrêter en chemin et de ne pas profiter d'une quatrième indication que nous fournit l'historien des Juifs, et qui a une bien autre valeur que les trois premières, ainsi que je vais le montrer tout à l'heure.

Comment ce quatrième passage a-t-il échappé à l'appréciation de tous mes devanciers? Je ne puis me l'expliquer, car je me refuse formellement à croire qu'ils l'aient mis sciemment de côté.

Examinons donc ce passage décisif (*Bell. Jud.*, V, III, 2 et 3).

Lorsque Titus résolut de quitter le Scopus pour rapprocher son camp de la place, il disposa des postes de cavalerie et d'infanterie d'élite, en nombre suffisant pour refouler les sorties qui pourraient être tentées par les Juifs. Le reste de l'armée reçut l'ordre de nettoyer et d'aplanir tout le terrain qui s'étendait jusqu'aux murailles de Jérusalem. Cette opération essentielle fut poussée du Scopus jusqu'aux monuments d'Hérode, qui sont près de la piscine dite des Serpents.

Ἀπὸ τοῦ σκοποῦ μέχρι τῶν Ἡρώδου μνημείων ἃ προσεῖχε τῇ τῶν Ὄφεων ἐπικαλουμένῃ κολυμβήθρᾳ (V, III, 2).

La piscine des Serpents, c'est incontestablement le Birket-Mamillah de nos jours, et les monuments d'Hérode étaient, ainsi que Schulz l'a reconnu le premier, au point où se montrent quelques monceaux de ruines et de décombres sur le flanc sud de la piscine. Comme Titus avait évidemment l'intention de porter son attaque principale sur le saillant formé par la tour Psephina, il était d'absolue nécessité de nettoyer les abords de la place jusqu'au Birket-Mamillah. Quatre jours entiers furent employés à ce travail préliminaire indispensable (V, III, 5).

Pendant qu'il s'exécutait, les Juifs tendirent aux Romains un piège qui eut tout le succès désirable. Les plus audacieux d'entre eux, étant sortis des tours des Femmes (προελθόντες ἔξω τῶν γυναικείων καλουμένων πύργων), firent semblant d'être expulsés de la place par les partisans de la paix, et, se groupant en avant des murailles, simulèrent une grande frayeur de l'attaque imminente des Romains. D'autres hommes, répartis sur les murailles, jouaient le rôle de gens du peuple, demandant la paix à grands cris, appelant à eux les Romains, les suppliant de leur tendre la main, et leur offrant de leur ouvrir immédiatement les portes de la ville. Tout en proférant ces appels et ces promesses, ils jetaient des pierres à leurs compagnons, comme s'ils voulaient les écarter des portes. Ceux-ci, de leur côté, faisaient des efforts simulés pour forcer l'entrée de la ville, et ils adressaient de vives supplications à ceux de l'intérieur; plus d'une fois ils semblèrent se résigner à marcher vers les Romains; mais ils rebroussèrent chemin aussitôt, comme frappés de terreur. Du côté des Romains, ce stratagème réussissait et faisait des dupes. Voyant déjà dans les uns des victimes vouées à la mort, et dans les autres des suppliants prêts à leur donner l'entrée de la place, ils s'ébranlèrent pour aller à l'action; mais Titus, qui, la veille, avait chargé Josèphe d'offrir de sa part aux Juifs une capitulation honorable, et qui n'avait reçu que des injures pour toute réponse, Titus se méfia de ces provocations inespérées, et défendit à ses soldats de quitter leur poste. Déjà, cependant, quelques-uns des hommes du cordon d'observation, placé en avant des travailleurs, s'étaient élancés vers les portes les armes à la main. A cette vue, ceux qui jouaient le rôle d'expulsés s'écartèrent d'abord; mais aussitôt que les soldats romains furent parvenus entre les tours qui flanquaient la porte, les Juifs, opérant un retour offensif, se précipitèrent sur eux et les prirent à revers. En même temps, ceux qui garnissaient les murailles firent pleuvoir sur eux une grêle de pierres et de traits de toute nature. Beaucoup furent tués, dès l'abord, et presque tous blessés. Il ne leur était pas facile, en effet, de s'éloigner des murailles, serrés qu'ils étaient par les ennemis qu'ils avaient sur leurs épaules. Ils avaient honte, d'ailleurs, de leur désobéissance aux ordres de Titus, et la crainte les poussait à persévérer dans la faute commise. Après un long engagement dans lequel les Romains reçurent et rendirent de nombreuses blessures, ils finirent par s'ouvrir un passage au milieu des Juifs qui les enveloppaient. Mais pendant leur fuite, ils furent poursuivis à coups de javelots *jusqu'au tombeau d'Hélène*.

Ὑποχωροῦσι δὲ αὐτοῖς οἱ Ἰουδαῖοι μέχρι τῶν Ἑλένης μνημείων εἴποντο βάλλοντες (V, III, 3).

Voyons maintenant toutes les conséquences qui découlent de ce précieux passage.

Les postes d'observation qui protégeaient la troupe des travailleurs occupés à nettoyer les abords de la ville formaient nécessairement un cordon couvrant le front des travailleurs, et les tenant à l'abri de toute insulte des défenseurs de la place. Au moment où la scène que nous venons de décrire fut jouée, il fallait que ces postes fussent assez rapprochés des murailles pour qu'il y eût possibilité de faire entendre aux soldats qui les composaient les offres séduisantes capables de les attirer dans le piége. Ce stratagème, tout grossier qu'il était, et malgré les ordres formels de Titus, décida un certain nombre de soldats romains à manquer à toutes les règles de la discipline, pour courir où les appelaient des promesses mensongères. Ces promesses proférées du haut des murailles, ils les avaient donc parfaitement entendues et comprises. Ils se lancent en avant, et vont imprudemment se jeter entre les tours qui flanquent la porte qu'ils s'attendent à voir ouvrir à leur approche. Ces tours, ce sont les tours des Femmes; la porte en question, c'est bien celle que flanquent les tours des Femmes, desquelles les Juifs sont sortis. Puis, quand à l'aide d'efforts surhumains les malheureux légionnaires parviennent à fuir et à regagner les rangs de leurs compagnons plus avisés, les Juifs les poursuivent à coups de javelots jusqu'au tombeau d'Hélène.

Dira-t-on par hasard que cette poignée de Juifs a fait reculer toute la ligne des postes romains d'observation, toute la ligne des travailleurs témoins de ce douloureux engagement? Assurément non; car si un mouvement des Romains s'est opéré en pareille conjoncture, c'est un mouvement en avant, propre à offrir aux hommes compromis une faible chance de salut. Les Juifs qui les poursuivent leur lancent des javelots jusqu'au tombeau d'Hélène. C'est donc là que les fuyards trouvent un refuge; c'est là, au tombeau d'Hélène, que se tient le poste qu'ils ont imprudemment quitté, et dans les rangs duquel est pour eux le salut.

Il est donc bien évident que, du point où était situé le tombeau d'Hélène, on pouvait entendre et comprendre les provocations des hommes placés sur les murailles de la ville. Il est évident de plus que les Juifs pouvaient s'aventurer jusque-là.

Croira-t-on maintenant que le tombeau d'Hélène pouvait être à 800 mètres de la muraille? J'en doute fort, et je pense que j'en ai le droit, car avec semblable hypothèse tout devient inexplicable et impossible, et il est certain que, des Juifs qui se lancèrent à la poursuite des Romains, pas un seul ne serait revenu.

Nous en avons fini avec Josèphe; passons aux autres témoignages des écrivains de l'antiquité touchant le tombeau de la reine d'Adiabène.

Le premier qui se présente dans l'ordre chronologique, c'est Pausanias. Voyons ce qu'il nous dit (*Arcadia*, lib. VIII, c. xvi).

Ἑβραίοις δὲ Ἑλένης γυναικὸς ἐπιχωρίας τάφος ἐστὶν ἐν πόλει Σολύμοις, ἣν ἐς ἔδαφος κατέβαλεν ὁ Ῥωμαίων βασιλεύς. Μεμηχάνηται δὲ ἐν τῷ τάφῳ τὴν θύραν ὁμοίως πάντα οὖσαν τῷ τάφῳ λιθίνην, μὴ πρότερον ἐσανοίγεσθαι, πρὶν ἂν ἡμέραν τε ἀεὶ καὶ ὥραν τὸ ἔτος ἐπαγάγῃ τὴν αὐτήν. Τότε δὲ ὑπὸ μόνου τὸν μηχανήματος ἀνοιχθεῖσα καὶ οὐ πολὺ ἐπισχοῦσα, συνεκλείσθη δι' ὀλίγης. Τοῦτον μὲν δὴ οὕτω· τὸν δὲ ἄλλον χρόνον ἀνοῖξαι πειρώμενος, ἀνοίξαις μὲν οὐκ ἄν, κατάξαις δὲ αὐτὴν πρότερον βιαζόμενος.

Ainsi, pour Pausanias, Hélène était une simple femme du pays. Il ne savait pas que c'était une reine étrangère qui avait embrassé le judaïsme; il était donc fort mal renseigné. Il place le tombeau d'Hélène ἐν πόλει Σολύμοις, dans la ville de Solyme; nouvelle erreur. Pour lui, le monument d'Hélène est un simple τάφος, une simple tombe; cela est bon à noter.

Puis vient l'indication d'une sorte de mécanisme d'horlogerie qui fait que la porte du tombeau, porte de pierre comme le tombeau lui-même, s'ouvre d'elle-même chaque année, au même jour et à la même heure, et se referme encore d'elle-même peu après. En tout autre temps, dit Pausanias, celui qui essayerait d'ouvrir cette porte n'y parviendrait pas et la mettrait plutôt en pièces. Voilà qui est merveilleux, et surtout merveilleusement niais! Voilà un mécanisme d'horlogerie qui n'a pas besoin d'être remonté et qui s'inquiète peu des années bissextiles! Il reste fidèle à la même date et à la même heure! Quel chef-d'œuvre!

Mettons donc sans scrupule Pausanias de côté, car il nous raconte une fable mal inventée et rien de mieux, sans même nous fournir le moindre renseignement topographique. Constatons toutefois qu'il semble résulter du récit de Pausanias qu'à l'époque où il écrivait, c'est-à-dire vers la fin du règne d'Hadrien, le tombeau d'Hélène était encore intact.

Après Pausanias, vient dans l'ordre des temps l'évêque de Césarée, Eusèbe. Nous trouvons dans son *Histoire ecclésiastique* (lib. II, c. XII), un chapitre intitulé :

Περὶ Ἑλένης τῆς τῶν Ὀβροηνῶν βασιλίδος,

et qui se termine ainsi :

Τῆς γέ Ἑλένης ἧς δὴ καὶ ὁ συγγραφεὺς ἐποιήσατο μνήμην, εἰσέτι νῦν στῆλαι διαφανεῖς ἐν προαστείοις δείκνυνται τῆς νῦν Αἰλίας.

Ainsi, au temps où écrivait le saint évêque de Césarée, les stèles ou cippes remarquables, c'est-à-dire les trois pyramides signalées par Josèphe, se voyaient encore au dehors de Jérusalem, qui portait alors le nom d'Ælia.

Le mot προάστειον, dont se sert Eusèbe, désigne à la lettre les dehors d'une ville. Notre écrivain, sans être bien précis, l'est donc beaucoup plus que Pausanias. Ne semble-t-il pas que, si l'on pouvait appliquer cette expression de προάστειον à un monument éloigné de 800 mètres de la ville dont il est question, autant vaudrait dire qu'à une distance d'une ou deux lieues à la ronde on serait toujours dans les προαστεία de cette ville? En résumé, Eusèbe ne nous apprend qu'une chose positive, c'est que de son temps le tombeau d'Hélène était debout encore, qu'il se composait de στῆλαι διαφανεῖς, de plusieurs cippes remarquables, et qu'il était dans le territoire placé devant l'enceinte militaire de Jérusalem, ἐν προαστείοις.

Vient maintenant saint Jérôme, qui a écrit un peu plus tard qu'Eusèbe. Il mentionne le tombeau d'Hélène dans sa lettre à la vierge Eustochium, intitulée *Epitaphium Paulæ matris* (Ep. LXXXVI, éd. de Martianay, t. IV, p. 673).

Voici le passage en question :

Quid diù moror ? Ad lævam mausoleo Helenæ derelicto quæ Adiabenorum regina in fame populum frumento juverat, ingressa est Jerosolymam urbem trinominem, Jebus, Salem, Jerusalem, quæ ab Ælio posteà Hadriano, de ruinis et cineribus civitatis in Æliam suscitata est.

Ce passage est très-important, puisqu'il nous apprend que la route par laquelle Paula entra à Jérusalem passait à côté du tombeau d'Hélène, et laissait ce monument à la gauche du voyageur gagnant la porte de la Ville Sainte.

D'où venait Paula, et quelle route a-t-elle suivie ? Là est toute la question. Examinons donc et résumons son itinéraire tel que le décrit saint Jérôme.

Berytus Romana colonia . . .	Beyrout.
Sidon	Sayda.
Sarepta.	Sarfent.
Tyrus	Sour.
Acco quæ nunc Ptolemaïs. . .	Akka.
Campi Mageddo	Plaine d'Esdrelon, El Ledjoun.
Dor	Tantourah.
Stratonis Turris, Cæsarea . . .	Kaysarieh.
Antipatris	Kafr-Saba.
Lydda, Diospolis	El-Loudd.
Arimathia	Ramleh ?
Noba.	Kafr-Nouba.
Joppe	Yafa ou Jaffa.
Repetitoque itinere, elle revient sur ses pas :	
Emmaüs, Nicopolis.	Amoas.
Bethoron inferior	Beithour-et-tahtah.
Bethoron superior.	Beithour-el-fouqah,
Elle laisse à droite :	
Ajalon	Yaloun.
Gabaon.	Djebâa.
Jerosolyma.	El Qods.

Incontestablement Paula arrive de Jaffa par la vallée qui conduit à Koubeïbeh ; elle monte à Djebâa, laisse Naby-Samouïl à droite, traverse Beït-Hanina, et suit la route antique qui vient passer devant le tombeau des Juges ; elle gagne de là l'une ou l'autre des portes de Jérusalem, remplacées aujourd'hui par le Bab-el-Aâmoud et le Bab-el-Khalil. Je mentionne celle-ci, parce que je n'oserais pas affirmer que dans cette ville où rien ne change, alors comme aujourd'hui les étrangers n'étaient pas obligés d'entrer par cette dernière porte, qui se nomme toujours Porte de Jaffa. Là, de nos jours, est le poste des

Douaniers ; là, l'étranger est obligé de passer, car la porte de Damas, ou Bab-el-Aâmoud, est absolument interdite aux arrivants.

La route antique que Paula a dû suivre, et que tout le monde suit encore forcément aujourd'hui, passe aux grands amas de cendres, se bifurque ensuite, et vient aboutir directement au Bab-el-Aâmoud, ou, en longeant l'établissement moderne des Russes, à la porte de Jaffa, porte de Beït-Lehm, ou Bab-el-Khalil, ce qui est tout un.

Le tombeau d'Hélène était près et à gauche de la route. Voilà tout ce que nous pouvons conclure du passage que je viens d'emprunter à saint Jérôme. Est-il question de la branche se dirigeant vers le Bab-el-Aâmoud, ou de celle se dirigeant sur le Bab-el-Khalil? C'est ce que nous ne savons pas ; mais peu importe, car, dans le doute, nous devons chercher l'emplacement de ce tombeau en dehors et à gauche des deux rameaux de route. Nous verrons un peu plus loin qu'il y a toute apparence qu'il s'agit de la branche qui vient aboutir au Bab-el-Aâmoud, et que d'ailleurs, lorsqu'Ælia était encore une colonie romaine, il n'est guère probable qu'une grande et haute dame comme Paula eût été soumise à la nécessité de faire inutilement un quart de lieue de trop, pour entrer dans la Ville Sainte.

Tout bien considéré donc, je regarde comme fort probable que Paula prit directement la voie conduisant des amas de cendres au Bab-el-Aâmoud. De plus, au moment où saint Jérôme écrivait, le tombeau d'Hélène était debout.

Moïse de Khoren clôt la série des écrivains de l'antiquité qui mentionnent le tombeau d'Hélène, reine d'Adiabène.

Dans son *Histoire d'Arménie*, livre II, c. XXXV (traduction de Vaillant de Florival), nous lisons ceci :

Hélène, pieuse comme son mari Abgar, ne voulut pas habiter au milieu des idolâtres. Elle s'en alla à Jérusalem au temps de Claude, durant la famine qu'avait prédite Agabus. Elle acheta en Égypte avec tous ses trésors une immense quantité de blé qu'elle distribua aux indigents, faits dont témoigne Josèphe. Le tombeau d'Hélène, tombeau vraiment remarquable, se voit encore aujourd'hui devant la porte de Jérusalem.

Moïse de Khoren avait été de sa personne à Jérusalem ; il parlait *de visu*, et pour lui, le tombeau d'Hélène était *devant* la porte de Jérusalem. N'y a-t-il pas dans cette expression si restrictive la preuve palpable que ce tombeau ne pouvait être éloigné d'un quart de lieue, ou tout au moins de 800 mètres de cette porte ? Je pense qu'il suffit de poser cette question pour que la réponse se présente d'elle-même.

Voilà tous les renseignements qui existent, à ma connaissance, dans les écrits de l'antiquité. Nous les résumerons à la fin de ce mémoire, pour en déduire la situation rigoureuse du tombeau d'Hélène.

Pendant la période du moyen âge, un seul écrivain, à ma connaissance, a parlé du tombeau d'Hélène ; mais il ne l'a fait qu'avec l'esprit de critique dont il disposait, et qui équivaut à peu près à zéro. C'est Marino Sanuto, dont mon savant confrère M. Renan a utilisé le témoignage dans une publication récente, insérée au *Journal asiatique* (numéro de décembre 1865, p. 558). Voici ce qu'il en dit :

« Jusqu'en plein moyen âge, on attacha à cet endroit (il s'agit des Qbour-el-Molouk) le souvenir d'une reine (regina Jabenorum, Helena regina) (Marinus Sanutus, *Secreta fidelium crucis*, III, xiv, 9) ; de là probablement le nom de Kobour-el-Molouk. »

Je crains fort que mon confrère ne se soit fait illusion sur la valeur du témoignage de Marino Sanuto, qui utilisait volontiers les écrits antérieurs au sien; ne nous a-t-il pas laissé d'amples chapitres sur les voyages de Charlemagne à Jérusalem, voyages qu'il accepte sans hésitation comme faits incontestables? Qu'on lise le très-beau livre de M. Gaston Paris sur l'épopée de Charlemagne, et on trouvera facilement la source de cette hérésie historique. Mais là n'est pas le point qui nous intéresse pour le moment, car il s'agit du tombeau d'Hélène, reine d'Adiabène. Voyons donc ce qu'il en dit :

D'abord, le chapitre IX, dont nous avons à nous occuper, a l'avantage de nous montrer clairement la source à laquelle Sanuto puisait ses souvenirs, en l'écrivant, car nous y trouvons la phrase suivante :

« Quia Romani, ut dicit Josephus, ab eâ parte civitatem oppugnantes, etc. »

Sanuto avait donc les livres de Josèphe sous la main, et certes, s'il a parlé d'Hélène, reine d'Adiabène, c'est bien à sa lecture de Josèphe qu'il le doit. Mais comment a-t-il utilisé cette lecture? Là est la question. Cherchons donc à nous éclairer sur ce point.

Dans le chapitre dont il s'agit, Marino Sanuto décrit la vallée du Cédron, et indique aux pèlerins futurs ce qu'ils ont à y voir. Je copie :

« De fonte Siloë procedendo per vallem Josaphat, ostenditur in opposito loco templi, et in pede montis Oliveti, sepulcrum Josaphat regis Juda, habens superpositam pyramidem magnæ pulchritudinis. »

Arrêtons-nous un instant ici :

Pour Marino Sanuto, c'est, je crois, le monument dit aujourd'hui tombeau de Zacharie qui est le tombeau du roi Josaphat. En tout cas, si ce n'est pas le tombeau de Zacharie, c'est le tombeau dit d'Absalon : on peut choisir. Voilà un premier exemple de la valeur du témoignage de notre écrivain, en tant que critique; mais il n'en résulte pas moins qu'à l'époque où il rédigeait son livre, cette attribution de la tombe en question était admise couramment à Jérusalem.

Un peu plus loin, nous lisons :

« Juxta sepulcrum Virginis est sepulcrum beati Jacobi minoris; ibi enim a Christianis sepultus est cùm fuit de Templo à Judæis præcipitatus. »

Notons encore ici, en passant, que la tradition qui du sépulcre des Beni-Hézir a fait le tombeau de saint Jacques est certainement antérieure à Marino Sanuto.

Immédiatement après la phrase que je viens d'annoter se trouvent les suivantes :

« De sepulcro vero Helenæ reginæ dictum est suprà. Nec fuit hæc Helena Constantini mater, sed Abigenorum (*sic*) regina quæ fratres sustentavit in Jerusalem, quando fuit fames quarto anno Claudii ac undecimo. Post hæc visitata vadat peregrinus per viam quam juxta sepulcrum Virginis esse diximus, et sequatur Christum euntem super asellum in Jerusalem, etc., etc. »

De ce passage, il résulte irréfragablement que, pour Marino Sanuto, le tombeau de la reine Hélène était à proximité immédiate de l'église dite Tombeau de la Vierge, et qui se voit au fond de la vallée de Josaphat, à peu de distance au nord du groupe des quatre sépulcres antiques nommés aujourd'hui Tombeaux de Zacharie, de Saint-Jacques, d'Absalon et de Josaphat.

Le membre de phrase écrit par Sanuto : « De sepulcro vero Helenæ reginæ dictum est suprà, » nous reporte au commencement du même chapitre IX, et nous y lisons ceci :

« Juxta Piscinas istas (il s'agit de la piscine de Siloë et de l'étang natatoire) contra Orientem descendit torrens Cedron, collectis simul omnibus aquis quas secum trahit de partibus superioribus, scilicet Rama, Anatoth, sepulcro reginæ Jabenorum (*sic,* cette fois) et longè sub sepulcro Virginis auditur strepitus ejus sub terrâ descendentis. Et sic omnes descendunt in vallem Gehennom quæ dicitur etiam locus Tophet, etc., etc. »

Voilà tout ce qui, dans Marino Sanuto, concerne le tombeau d'Hélène, reine d'Adiabène.

Y a-t-il là dedans un mot, un seul, qui justifie l'assertion de mon savant confrère, à savoir que Sanuto parle des Qbour-el-Molouk ? Je le cherche vainement, ce mot, et je m'assure qu'en y regardant de près, M. Renan ne sera pas plus heureux que moi.

Comment ! Sanuto parle des eaux qui viennent du tombeau d'Hélène se jeter dans le Cédron, et l'on pourrait supposer que, pour Sanuto, le tombeau en question était identique avec les Qbour-el-Molouk ? Ceux-ci sont en plaine, au sommet d'un plateau merveilleusement sec ; quelles eaux peuvent donc partir de là ? Mettez, au contraire, ce tombeau dans la vallée, près du tombeau de la Vierge, comme le fait manifestement notre auteur, et alors, la phrase qu'on lui emprunte n'est plus entachée d'une impossibilité radicale.

En voilà assez sur Marino Sanuto, et il est temps d'aborder les opinions des écrivains modernes, à l'un desquels, feu le Révérend Robinson, M. Renan renvoie dans les termes suivants (page 560, mémoire précité) : « Pour la question archéologique, il est essentiel de lire Robinson (*Biblical researches in Palestina*, I, 356 et suivantes, 2ᵉ édition). »

Avant tout, je saisis cette occasion d'exprimer une fois de plus ma profonde estime pour les travaux de Robinson ; mais de ce que je mets ces travaux au premier rang de ceux qui concernent la terre sainte, il n'en résulte pas le moins du monde que leur auteur soit, à mes yeux, investi d'une infaillibilité qui n'appartient à personne. Robinson est un explorateur excellent, un exégète sérieux et profond ; mais quant à voir en lui un archéologue habile, c'est une autre affaire !

Au reste, le plus ou moins de justesse de ce que je me permets d'écrire là va ressortir de l'examen de son opinion sur le tombeau d'Hélène.

Robinson, pour qui les Qbour-el-Molouk sont le tombeau d'Hélène, commence par donner brièvement la description du monument en question.

Il rappelle ensuite les divers passages de l'Écriture sainte relatifs à la sépulture royale, desquels il conclut que « les rois sont tous enterrés sur le mont Sion, où leur sépulcre était encore existant du temps des apôtres. Il constate que quatre des rois de Juda ne furent pas inhumés dans le tombeau de la dynastie, et déclare que rien ne prouve qu'ils ont été enterrés hors de la ville, ou tout au moins du côté où se voient les Qbour-el-Molouk.

Ici, Robinson oublie de mentionner les prescriptions absolues de la loi judaïque sur la situation des tombes en dehors des villes. C'est commode pour sa thèse, mais, à coup sûr, ce n'est pas précisément régulier.

Il mentionne ensuite le tombeau d'Hélène, qui, « d'après le témoignage de Josèphe, était au nord de Jérusalem, et rappelle que cet historien parle des Grottes Royales ou Sépulcres Royaux (pour lui, c'est la même chose), qui étaient dans le même quartier, et auprès desquelles passait la troisième muraille ou muraille d'Agrippa. » Rendre le mot Διὰ, du texte, par auprès, c'est en prendre un peu trop à son aise, on en conviendra.

« Dans un autre passage, ajoute-t-il, Josèphe parle des monuments ou tombes d'Hérode, situés apparemment auprès de cette muraille et dans le même quartier. » Dans la note 6 (page 364), relative à ce passage, Robinson, rappelant que Titus a fait nettoyer les abords de la place depuis le Scopus jusqu'aux murailles, μέχρι τῶν Ἡρώδου μνημείων, conclut de là que « ces monuments d'Hérode doivent avoir été situés dans la plaine et près de la partie nord-est de la ville, et non, certainement, vers la région plus élevée qui se trouve à l'ouest. » J'en suis fâché pour Robinson; mais ce qui lui paraît ici certain et évident est parfaitement faux. En voici la preuve.

Pourquoi Titus faisait-il nettoyer les abords de la place? Apparemment pour faciliter les travaux de siége. Or, quel a été le point d'attaque choisi par le prince romain, et sur lequel ce nettoyage préliminaire était dès lors le plus indispensable? Robinson aurait dû s'en souvenir, c'est le saillant occupé par la tour Psephina. Tout le terrain situé en face de ce saillant a donc été spécialement aplani, et, comme les monuments d'Hérode sont la limite extrême du terrain nettoyé par les ordres de Titus, il en résulte forcément que ces tombeaux d'Hérode étaient au sud-ouest de la tour Psephina, et au bout du terrain sur lequel devaient être conduites les opérations militaires.

Robinson, dans la même note, ajoute : « Dans un autre passage, Josèphe mentionne un simple monument d'Hérode (τὸ μνημεῖον) qui était situé au sud du camp des Romains, et par suite du côté ouest de la ville. » Robinson ne dit pas expressément que cette différence de désignation, variant du singulier au pluriel, ne peut s'appliquer qu'à deux monuments distincts; mais le contexte de la note laisse parfaitement deviner que c'est bien là son opinion. Celle-ci est complétement inadmissible, car à ce compte nous avons beaucoup trop de tombeaux d'Hérode. En effet, Hérode le Grand a été enterré à Hérodium. Quant à Hérode Archélaüs, il est mort en exil à Vienne, dans la Gaule. Reste donc Hérode Agrippa, qui, s'il a été enterré à Jérusalem, ce que nous ne savons pas, aurait deux tombeaux pour lui tout seul; c'est trop d'un !

Quant à Archélaüs, je rappellerai en passant qu'il s'était apparemment fait construire un tombeau de son vivant et quand il ne s'attendait guère à être déposé et exilé sur la terre étrangère, puisque saint Jérôme nous dit (édition de Martianay, t. II, p. 411 et 412) : « Sed et prope eamdem Bethleem regis quondam Judææ Archelai tumulus ostenditur: qui semitæ ad cellulas nostras è via publica divertentis principium est. » Ce renseignement est tellement précis, qu'il n'est pas possible d'attribuer à Archélaüs le μνημεῖον ou les μνημεῖα Ἡρώδου dont parle Josèphe. Qu'on relise attentivement le livre de la *Guerre judaïque*, et je doute fort qu'on ne partage pas mon avis sur l'erreur matérielle que Robinson a commise au sujet de ce monument.

Reprenons maintenant l'analyse du travail de Robinson sur le tombeau d'Hélène.

Après l'énumération qu'il vient de faire, il se demande « s'il ne faut pas identifier les Sépulcres Royaux (lisez les Grottes Royales) de Josèphe avec les tombes d'Hérode. » Comme il n'avait pas encore été établi que les Grottes Royales sont bien et dûment les vastes carrières coupées par le mur d'Agrippa, on comprend qu'avec ses idées préconçues, Robinson se soit fait cette question. Aujourd'hui, elle n'est plus permise.

Vient alors une nouvelle question que pose le Révérend. « Ces sépulcres précédés d'une cour, si différents de tous les autres sépulcres des environs de Jérusalem, et ouverts, non pas, comme les autres, dans les flancs rocheux des vallées, mais enfoncés dans le plateau même, n'affectent-ils pas aussi une forme appropriée à la royauté? En ce cas, ajoute-t-il, les sépulcres ruinés de ce genre que nous avons trouvés le long du bord de la vallée, auprès desquels l'ancienne muraille a dû passer, répondraient bien aux Grottes Royales ou Sépulcres Royaux de Josèphe, et le tombeau actuel des rois, décrit plus haut, correspondrait ainsi au monument d'Hélène.

A cela il n'y a qu'une difficulté, qui n'est pas médiocre, c'est la muraille d'Agrippa ne passait pas le moins du monde où Robinson, pour les besoins de sa cause, suppose qu'elle a dû passer. Elle n'était guère qu'à sept cents mètres en arrière au sud ; mais sept cents mètres, on en conviendra, c'est bien quelque chose.

Voilà, du coup, le premier des arguments employés par Robinson, pour identifier le tombeau des Rois avec la tombe d'Hélène, qui s'évanouit complétement. Et cependant, Robinson ajoute aussitôt après : « La dernière partie au moins de cette hypothèse est probablement bien fondée. Josèphe parle trois fois de ce tombeau préparé par Hélène pour elle-même durant sa résidence à Jérusalem : la première fois, lorsqu'il dit que ce monument consistait en trois pyramides situées à trois stades des murailles ; ensuite, lorsqu'en racontant la reconnaissance effectuée par Titus en partant du nord, il dit que ce tombeau était presque en face de la porte de la ville ouverte de ce côté ; la troisième fois, enfin, lorsqu'il décrit la troisième muraille comme passant en face de ce tombeau. »

Robinson oublie malheureusement le quatrième passage de Josèphe que j'ai analysé plus haut, et qui est d'une précision pour ainsi dire mathématique.

Vient ensuite la citation extraite d'Eusèbe, puis celle de l'*Epitaphium Paulæ* de saint Jérôme. C'est ici que Robinson tranche, un peu vite selon moi, la question à l'avantage de sa thèse. Pour lui, « Paula vient du nord, lorsqu'elle laisse le tombeau d'Hélène à sa gauche. La grande route du nord est incontestablement, dit-il, la même aujourd'hui qu'alors, la nature même du terrain n'admettant la supposition d'aucune modification de tracé. » Nous sommes d'accord, il s'agit de la route du Nord; mais comme Paula venait de Jaffa, c'est-à-dire de l'Ouest, je me permets d'affirmer qu'elle n'a pas suivi la route de Naplouse, tout antique qu'est celle-ci. J'ai donné plus haut l'itinéraire de Paula, et ce que j'avance en ce moment n'est pas sujet à contestation.

« Ainsi, poursuit Robinson, la tombe d'Hélène, comme le veulent les anciens récits, était à l'est de cette route, et distante de trois stades de l'ancienne muraille du nord, et nous avons vu précédemment que le sépulcre actuel est situé du même côté de la route, à une distance d'un peu plus d'un demi-mille anglais, ou de quatre stades de la porte moderne de Damas. Mais l'ancien mur du nord, comme nous le savons, passait à un stade et plus, au nord du mur actuel, et nous avons ainsi une coïncidence très-exacte.

« Ce fait, rapproché de la circonstance que la tombe d'Hélène était célèbre dans l'antiquité, justement comme le sépulcre en question est virtuellement le plus remarquable objet d'antiquité des environs de Jérusalem, semble amplement suffisant pour établir leur identité. »

Voilà, je le déclare, une démonstration qui laisse à désirer. D'abord, le mur d'Agrippa ne passait pas à un stade au nord du mur actuel, car le mur moderne est bâti sur la même base que le mur antique. Puis, de ce qu'un monument d'une ville a été célèbre dans l'antiquité, on n'est pas forcé d'admettre que la plus belle ruine qui se voit de nos jours dans cette ville soit précisément identique avec le monument célèbre en question. Je rejette donc purement et simplement toute cette partie de l'argumentation de Robinson, parce qu'en réalité elle n'a aucune valeur.

Notre auteur déclare ensuite que « son hypothèse est renforcée par le témoignage de Pausanias, qui déclare que parmi les tombeaux qu'il a vus, il y en a deux qui sont dignes d'une admiration toute particulière, celui du roi Mausole en Carie, et celui d'Hélène à Jérusalem. »

Robinson traduit alors le passage de Pausanias, qu'il trouve « exagéré, mais dans lequel néanmoins il pense qu'il faut reconnaître les portes de pierre sculptées du tombeau des Rois, portes dont on n'a jamais trouvé que là des exemples. »

A ceci je répondrai simplement que j'en ai trouvé à moi tout seul de semblables dans deux localités différentes, au Bordj-Sour, l'antique Bethsour, sur la route d'Hébron, et à Hesban, de l'autre côté du Jourdain. Puis, que M. Mauss, architecte de Sainte-Anne, m'en a signalé de fort belles qu'il a vues dans des tombes antiques du voisinage de Beit-Sahour, près Beit-Lehm.

Robinson termine ainsi :

« Tout bien considéré, il semble qu'il n'y a guère de raison de douter que l'excavation sépulcrale connue, à l'époque moderne, sous le nom de Tombeaux des Rois, ait le droit de reprendre son ancienne célébrité comme tombeau d'Hélène. »

A cela je réponds que, tout bien considéré, l'argumentation de Robinson, assez péniblement échafaudée, comme on vient de le voir, craque et tombe, dès qu'on y applique l'outil qui s'appelle la logique.

Mais ce n'est pas tout encore.

Robinson ajoute que « les trois pyramides ou stèles qui surmontaient anciennement la tombe étaient probablement petites et construites au-dessus du portail. On ne peut guère, par conséquent, s'étonner de ce qu'elles ont péri sous les coups du temps et des barbares. Avant la période des croisades, les anciens pèlerins n'en parlent pas, probablement parce qu'elle portait le nom d'Hélène et qu'elle n'était pas un objet consacré pour eux. C'est probablement encore le cas des écrivains du temps des croisades, dont aucun n'en a parlé. Seulement, Marino Sanuto, en 1321, a mentionné brièvement le sépulcre d'Hélène comme étant au nord de la ville. Si brièvement, en vérité, qu'il est difficile de dire s'il est question de la même tombe ; mais à cause de son caractère remarquable, cela est très-probable. » J'ai montré plus haut ce qu'il y avait en réalité dans le texte de Sanuto, et je ne comprends pas trop où Robinson a vu que cet auteur place le tombeau d'Hélène au nord de la cité, quand c'est précisément à l'est qu'il en fixe le site. Je me contente, du reste, de l'aveu qui lui échappe, à savoir que Sanuto parle si brièvement du tombeau d'Hélène, qu'il est difficile de dire s'il s'agit du monument nommé Tombeaux des Rois.

Mon savant confrère, M. Renan, ne s'est pas effrayé de cette difficulté, puisqu'il reconnaît, sans hésiter, qu'il s'agit bien du même monument.

Je pense avoir donné des raisons suffisantes pour démontrer que cette identité est purement imaginaire.

Robinson constate que, « depuis Marino Sanuto jusqu'à la fin du XVIe siècle, on ne trouve plus de mention du monument en question. A cette époque, il a été décrit d'une manière assez satisfaisante comme étant le Tombeau des Rois, par Zvallard, Villamont et Cotovic. Depuis eux, tous les voyageurs en ont parlé.

« Pockoke fut le premier à penser que ce pourrait être le tombeau d'Hélène, mais sans s'occuper des textes de Josèphe et de saint Jérôme. Cette conjecture a, depuis lors, été soutenue par Chateaubriand et par le docteur Clarke, qui ont utilisé le passage de Pausanias. »

Robinson a inséré dans la note XXIX, annexée au même volume de son bel ouvrage, un exemple fort curieux de l'emploi des citations de seconde main. Mais comme je n'y trouve rien qui intéresse la question purement topographique que je me suis donné la tâche d'élucider de mon mieux, je me dispenserai d'analyser cette note.

Enfin, dans son troisième volume (section V, p. 252), Robinson est revenu à la charge, pour résumer son opinion sur le tombeau d'Hélène. Comme il n'a présenté là aucun argument nouveau, inutile de s'y arrêter. Seulement, je ferai remarquer que la note II, placée au bas de cette page, est ainsi conçue :

« M. de Saulcy asserts that Paula came from the direction of Jaffa. »

Je ne comprends pas du tout, je l'avoue, la portée de cette note ; car ce n'est pas moi, mais bien saint Jérôme qui le dit, et saint Jérôme prouve d'ailleurs qu'il a raison de le dire, en citant tous les lieux que

Paula traverse. Comme on pourrait être tenté de croire que je suis seul de mon avis sur le compte de la thèse soutenue par Robinson, je me hâte de venir à l'examen du passage qui concerne le tombeau d'Hélène, dans le meilleur ouvrage publié jusqu'ici sur Jérusalem (*Holy City*, 1849, t. II, p. 519 et suivantes). Voici comment le savant Williams s'exprime :

« Le docteur Robinson a attribué ces excavations à Hélène, dont le tombeau, très-renommé dans l'antiquité, a certainement été situé à peu de distance de ce point. Il est vraiment malheureux pour cette hypothèse, que les deux seules particularités qui distinguaient ce sépulcre n'aient laissé aucune trace. C'étaient trois pyramides de marbre, et une porte munie d'un appareil mécanique. Quelque extravagant que soit indubitablement le récit de Pausanias, on en peut au moins conclure l'existence de ce mécanisme, si le jugement de cet écrivain a quelque valeur. Je ne pourrais penser que cette notion d'une seule porte de ce genre puisse s'appliquer aux portes de pierre chargées de moulures, qui séparaient les unes des autres les chambres des Tombeaux des Rois, portes qui ne présentent aucune trace de mécanisme. Mais ce n'est pas à l'objection la plus forte contre la théorie de Robinson.

« Hélène était la reine veuve de Monobaze, surnommé Bazeus, roi d'Adiabène. Ayant avec son fils Izates, qui succéda au trône paternel, passé comme prosélyte au judaïsme, elle fixa sa résidence à Jérusalem par pure dévotion, et là, durant la famine qu'avait prédite Agabus, et qui sévit pendant le règne de Claude, elle vint au secours des pauvres avec une splendide libéralité. Ayant pris la résolution de finir ses jours dans cette ville, elle se fit préparer de son vivant un tombeau, comme c'était la coutume à cette époque. Certes, il est difficile d'imaginer ce qui aurait pu pousser une veuve, éloignée de sa patrie et de sa famille par sa seule volonté, à faire préparer pour sa sépulture privée, sur la terre étrangère, une immense série d'excavations contenant près de quarante tombes [1]. Il est vrai qu'un accident lui fit partager sa demeure dernière avec son fils Izates; mais l'expression dont se sert Pausanias (τάφος), et

---

[1]. Le nombre quarante est notablement supérieur au nombre réel des tombes des Qbour-el-Molouk.

qui représente une simple tombe, ne saurait que difficilement s'appliquer aux tombes multiples dont nous venons de parler. Je ne pense pas que le seul argument que l'on puisse citer à l'appui de cette hypothèse ait assez de valeur pour résister à ces importantes objections. Cet argument est le suivant :

« Saint Jérôme, racontant l'arrivée de Paula à Jérusalem, dit qu'en approchant de la ville, elle laissa sur sa gauche le monument d'Hélène, et, en supposant qu'elle arrivait par la route actuelle de Naplouse, elle avait précisément à sa gauche les Tombeaux des Rois. Donc, dit-on, ces monuments n'en font qu'un. Mais, en admettant que la grande route actuelle du Nord suit précisément le même tracé que la voie antique, il est fort loin d'être clair que Paula arriva par cette route. Si saint Jérôme a eu le dessein de rappeler très-exactement l'itinéraire de Paula, après un intervalle d'un certain nombre d'années, ce qui semble improbable, la brusque conclusion de son récit, précisément avant l'entrée de Paula à Jérusalem, donne lieu de penser qu'elle a visité d'autres localités après la dernière mentionnée, et il n'y a dès lors rien de certain dans la fixation du point d'où elle venait en dernier lieu. »

Voilà les objections fort raisonnables de Williams, objections que corrobore singulièrement l'identification de Gabaâ avec la Djebaâ qui existe toujours à la naissance de l'Ouad-Abou'-z-Zaârour, la vallée des Épines de Josèphe, au point même où la place formellement l'historien des Juifs.

Je sais bien que Robinson a proposé de placer la Gabaâ en question au Touleil-el-Foul, dont il ne savait que faire. Mais j'ai revu ce point à mon dernier voyage, et jamais la Gabaâ de Benjamin n'a pu être là. Le nom seul de Touleil-el-Foul, « petit tertre de la fève, » prouve les médiocres dimensions de ce tertre, qui n'a jamais pu servir d'assiette qu'au hameau le plus humble.

Williams cherche alors à identifier les Qbour-el-Molouk avec les Cavernes Royales de Josèphe, et celles-ci avec les monuments d'Hérode. La grotte de difficile accès placée à l'extrémité de la première cour, servant de cage à l'escalier monumental que mes fouilles ont mis à jour, serait alors pour lui la piscine des Serpents. C'est là une série d'identifications que, pour une foule de raisons que j'ai développées ailleurs, je ne saurais admettre.

Voici, en ce qui concerne la fixation du tombeau d'Hélène, la conclusion de Williams.

« Si ces vues sont correctes, les monuments de la reine Hélène devaient se trouver à l'ouest des Caves Royales, entre elles et la tour Psephina, qui occupait l'angle nord-ouest de la nouvelle ville. Or, il y a une aire de roc vif, immédiatement à droite de la route de Naby-Samouïl, où l'on voit des excavations sépulcrales dans lesquelles je suis disposé à croire qu'il faut chercher le tombeau d'Hélène. »

Malheureusement, cette identification est basée sur un tracé inadmissible de la troisième enceinte de Jérusalem; elle doit donc être abandonnée. Le tracé proposé par Schulz est celui que j'avais accepté lors de mon premier voyage à Jérusalem, et, comme conséquence de ce tracé, j'avais, d'accord avec Schulz, pensé retrouver le tombeau d'Hélène en un point où il ne pouvait être. Aujourd'hui que la troisième enceinte est définitivement identifiée avec l'enceinte moderne, il faut forcément chercher ailleurs les traces de ce tombeau illustre. On le voit, je fais bon marché, et sans l'ombre de regret, des erreurs que j'ai pu commettre, lorsque ces erreurs me sont signalées et démontrées. En ce cas, je suis le premier à proclamer que je me suis trompé, et je le fais avec la plus vive satisfaction.

Mais revenons au tombeau de la reine d'Adiabène.

Si nous en croyons Moïse de Khoren, la veuve de Monobaze employa *tous* ses trésors à acquérir le blé qu'elle fit distribuer à la population de Jérusalem, lors de la grande famine qui désola la Judée pendant le règne de Claude. Hélène s'était fait bâtir une habitation somptueuse dans la ville où elle s'était réfugiée pour y finir ses jours. Si les Tombeaux des Rois étaient le tombeau d'Hélène et de son fils, elle aurait eu la singulière pensée, elle la femme pieuse et charitable par excellence, de dépenser des millions de notre monnaie à faire excaver des tombes qui n'ont pu être terminées qu'en extrayant au ciseau plus de neuf mille mètres cubes de la roche calcaire la plus dure que l'on connaisse. Ce chiffre est certain. Se figure-t-on le nombre d'années qu'il a fallu pour mener à bonne fin une entreprise aussi gigantesque? De bonne foi, est-ce une femme, qui par piété a renoncé au souverain pouvoir, qui conçoit un tel projet, et qui ne recule ni devant le temps, ni devant la dépense, pour satisfaire un orgueil posthume? Admettons-le, cependant, et voyons où une considération d'un tout autre ordre, mais d'une logique inflexible, va nous conduire. Admettons pour un instant que le tombeau d'Hélène et les Qbour-el-Molouk soient un seul et même monument, et voyons à quelle époque Hélène a pu y être déposée.

Cette recherche, je m'y suis livré déjà dans la relation de mon dernier voyage (t. Ier, p. 394 et suivantes), et j'ai le regret de voir qu'elles n'ont en rien touché mon savant confrère M. Renan, puisque je lis dans le travail qu'il a récemment publié (p. 559) : « Les observations publiées par M. de Saulcy (*Voyage en Terre Sainte*, p. 384 et suiv.) ne m'ont fait modifier aucune de ces idées. »

Qu'il me permette de revenir à la charge et d'espérer qu'après avoir, devant l'Académie, discuté la question qui nous intéresse si vivement tous les deux, nous serons plus près de nous entendre. Je transcris donc purement et simplement ce que j'ai imprimé déjà.

« Mais il y a plus! Il est curieux, en effet, de calculer l'époque à laquelle Hélène mourut et fut inhumée sous les pyramides qu'elle avait fait bâtir, et c'est ce que nous allons faire.

« Ouvrons donc Josèphe : Cuspius Fadus était procurateur de Judée, au nom de Claude, successeur de Caligula. Le roi Agrippa II était à Rome, et en sa présence Claude expédia à Jérusalem un rescrit impérial relatif à des réclamations de la nation juive. Ce rescrit est daté du 4 des calendes de juin, l'année du consulat de Rufus et de Pompeius Sylvanus. C'est à cette époque qu'Hélène et son fils, le roi Izates, embrassèrent le judaïsme.

« A la mort de Monobaze, son père, Izates, qui vivait à Spasini-Charax, se hâta de revenir en Adiabène. Une fois reconnu roi, il refusa de suivre les conseils des grands de sa cour, qui le poussaient à mettre tous ses frères à mort. Il se contenta d'envoyer les uns en otages auprès de l'empereur Claude, et les autres auprès d'Artaban, roi des Parthes.

Hélène s'était faite juive pendant que son fils était à Spasini-Charax. Ce ne fut qu'après être entré en possession de la couronne, qu'Izates voulut à son tour passer au judaïsme, et seulement lorsqu'il eut été circoncis, sa mère Hélène partit pour Jérusalem. Lorsque Izates mourut, il était âgé de cinquante-cinq ans, et il en avait régné vingt-quatre. A la nouvelle de la mort de ce fils bien-aimé, Hélène revint en Adiabène, où elle lui survécut peu. Ce fut Monobaze qui succéda sur le trône à Izates et qui envoya à Jérusalem les restes de sa mère et de son frère, pour qu'ils reçussent les honneurs de la sépulture dans le mausolée qu'Hélène avait fait construire. »

« A présent, interrogeons les dates. Caligula est mort en 41 après Jésus-Christ, et Claude en l'année 54. Cuspius Fadus a été procurateur de la Judée de 44 à 46. C'est pendant le règne de Claude qu'Izates a pris la couronne, c'est-à-dire entre les années 41 et 54, et il a régné vingt-quatre ans. S'il était monté sur le trône dans l'année première du règne de Claude, ce qui n'est pas impossible, mais un peu invraisemblable, convenons-en, au chiffre 41 nous aurions à ajouter le chiffre 24 pour avoir la date de sa mort, date qui deviendrait ainsi l'an 65 de l'ère chrétienne. Hélène, en apprenant la mort d'Izates, est retournée en Adiabène, où elle a encore vécu quelque temps ; il faut donc forcément adopter une date postérieure à l'an 65, pour la mort d'Hélène. Mettons tout au pis, et admettons qu'une année seulement se soit écoulée pendant le double voyage d'Hélène vivante et d'Hélène morte, pour aller vivre en Adiabène quelque temps après Izates, et pour revenir dans son cercueil à Jérusalem, en compagnie du cercueil de son fils. Cela est invraisemblable, je le répète, et cependant nous voilà reportés à l'an 66 pour la date de l'inhumation d'Hélène et d'Izates, et en 70 Jérusalem est prise et saccagée par Titus ! Le siége a duré du 1er mars au 8 août 70, c'est-à-dire plus de cinq mois. C'est aux premiers événements du siége qu'il faut rapporter l'établissement d'un charnier de guerre dans le vestibule intérieur des Qbour-el-Molouk. Il se serait donc écoulé tout au plus trois ans, depuis l'enterrement d'Hélène et de son fils, jusqu'au jour où leur tombeau aurait servi de charnier pour les hommes morts pendant le siége. Tout cela, je le répète, est de la dernière invraisemblance. D'ailleurs, il y a mieux : Pausanias parle du tombeau d'Hélène comme intact à l'époque où il écrivait. Or, il écrivait à l'époque d'Hadrien. Il n'est donc pas possible que les Qbour-el-Molouk soient le tombeau d'Hélène et de son fils. Aujourd'hui, il faut, de toute nécessité, renoncer à cette attribution, qui n'a plus l'ombre d'apparence, et chercher une autre origine pour les Qbour-el-Molouk. »

Voilà ce que j'écrivais il y a trois ans, et ce qui est aussi certain, aussi logique aujourd'hui qu'alors.

Mais ici se présente une objection de mon confrère M. Renan, objection sérieuse, et que je ne puis laisser sans réponse (p. 557) :

« La famille d'Izates était fort nombreuse. Il laissa vingt-quatre fils et vingt-quatre filles. Cinq de ses fils apprennent à la fois l'hébreu à Jérusalem. Monobaze, son frère, et d'autres de ses parents embrassèrent le judaïsme comme lui. Monobaze fut très-connu à Jérusalem et y laissa une grande réputation de charité. Rien n'est donc plus facile que de peupler, avec cette famille royale de prosélytes, les vastes salles des Tombeaux des Rois. »

Voilà l'objection. Répondons-y.

M. Renan dit que rien n'est plus facile que de peupler, avec cette famille royale de prosélytes, les vastes salles des Tombeaux des Rois. Je trouve, moi, que rien n'est plus difficile.

En effet, tant qu'Izates est resté sur le trône, et il y est resté au moins jusqu'en l'an 65, il est peu vraisemblable que ses vingt-quatre fils et ses vingt-quatre filles l'aient abandonné, pour aller vivre dans la retraite de leur grand'mère. Que cette nombreuse famille ait suivi pieusement les restes de leur père Izates, lorsque le frère aîné de celui-ci, Monobaze, lui succéda au trône, rien de plus vraisemblable encore, j'en conviens. Mais, pour peupler, avec tous ces princes et toutes ces princesses, les vastes salles des Tombeaux des Rois, il aurait fallu que tous ces princes et ces princesses mourussent à point dans l'intervalle de trois ans au plus qui s'est écoulé entre l'inhumation d'Izates et d'Hélène et le siège de Titus. Car, pendant le siège de Titus, ce tombeau a servi de charnier de guerre, cela est démontré rigoureusement. Heureusement pour cette famille royale, la mortalité n'y a pas été aussi terrible, car voici ce que je lis dans Josèphe, et ce que tout le monde y peut lire comme moi :

Le jour même où, après l'incendie du temple, les Juifs parlementèrent avec Titus sur le pont du Xystus, et refusèrent de capituler (*Bell. Jud.*, VI, vi, 4), les fils et les frères d'Izates demandèrent grâce à Titus, qui les fit charger de chaînes, les mit sous bonne garde et les envoya en otages à Rome.

J'en conclus que les fils et les frères du roi Izates n'ont pu peupler les Qbour-el-Molouk. Du reste, voici le texte même que je viens d'analyser.

Κατὰ ταύτην τὴν ἡμέραν οἵ τε Ἰζάτου βασιλέως υἱοὶ καὶ ἀδελφοί, πρὸς οἷς πολλοὶ τῶν ἐπισήμων δημοτῶν, ἐκεῖ συνελθόντες, ἱκέτευσαν Καίσαρα δοῦναι δεξιὰν αὐτοῖς. Ὁ δὲ καίτοι πρὸς πάντας τοὺς ὑπολοίπους διωργισμένος, οὐκ ἤλλαξε τὸ ἦθος, δέχεται δὲ τοὺς ἄνδρας. Καὶ τότε μὲν ἐν φρουρᾷ πάντας εἶχε, τοὺς δὲ τοῦ βασιλέως παῖδας καὶ συγγενεῖς δήσας ὕστερον εἰς Ῥώμην ἀνήγαγε, πίστιν ὁμήρων παρέξοντας.

Mais il ne suffit pas de dire où ne peut être le tombeau de la reine d'Adiabène, et il me reste à dire, en fort peu de mots, où il est.

Pour arriver à en déterminer la situation, il n'y a qu'à grouper les indications qui nous sont fournies par les textes de l'antiquité.

Le tombeau d'Hélène se composait de trois pyramides. Il était à trois stades des murailles de Jérusalem. La troisième enceinte, celle d'Agrippa, passait devant ce tombeau, qui se trouvait entre la tour Psephina et les Cavernes Royales.

La porte de Jérusalem, placée entre les tours des Femmes, était en face du tombeau d'Hélène. Ce tombeau était assez près des tours des Femmes et de la porte que ces tours flanquaient, pour que, malgré la présence d'un cordon de postes romains d'observation, assez rapproché pour entendre et comprendre ce que criaient les Juifs placés aux créneaux, ceux qui étaient entre les tours et hors de la porte aient pu impunément poursuivre à coups de javelots, jusqu'à ce tombeau, les imprudents soldats qui étaient venus vers eux.

Ce tombeau était devant la porte, dit Moïse de Khoren. Il était à gauche du chemin suivi par Paula pour venir de Djebaâ à Jérusalem, c'est-à-dire de la voie antique au bord de laquelle est placé le Tombeau des Juges.

Comme j'ai fait justice du chiffre de trois stades très-probablement donné en l'air par Josèphe, comme tous ses autres chiffres, il reste à chercher le point qui satisfait à toutes les autres conditions que je viens d'énumérer.

Rien de plus facile que de trouver ce point; c'est le pâté de roches placé à près de deux cents mètres au nord, quelques degrés ouest, du Bab-el-Aâmoud, que l'on prétend avoir servi d'assiette à l'église de Saint-Étienne, et dans les flancs duquel est taillée une grotte sépulcrale.

Cette grotte est incontestablement pour moi le sépulcre d'Hélène, reine d'Adiabène, et de son fils Izates.

Je ne revendique pas l'honneur d'avoir le premier résolu ce problème de la topographie hiérosolymitaine, car il revient de droit à mon ami M. Edmond de Barrère, consul général de France à Jérusalem, et à Pierotti, qui, dans son plan de Jérusalem, a le premier fixé, pour le tombeau d'Hélène, l'emplacement que les recherches qu'il avait faites, en commun avec notre savant consul, l'avaient forcé d'adopter. M. de Barrère est le premier explorateur de la ville sainte à qui la logique et le bon sens ont fait découvrir cette solution, à mon sens irréfragable. Il est le premier aussi qui ait constaté que les Juifs de Jérusalem, lors de la fête religieuse et toute traditionnelle qu'ils célèbrent chaque année, sous le nom de Fadaqat-el-Akel, « aumône de la mangeaille, » la commencent au point que je viens d'indiquer, vont la continuer aux Qbour-el-Molouk et la terminent enfin auprès d'une grotte sépulcrale située à deux cents mètres à l'est du Tombeau des Rois, dans les rochers qui bordent le ravin. C'est cette excavation qui porte spécialement parmi eux le nom de Fadaqat-el-Akel [1]. Les Qbour-el-Molouk ne sont pour eux que le tombeau du beau-père de Rabbi-Akiba, le riche Kalbâ-Chebouâ, qui vivait lors du siége de Titus, et qui, par conséquent, ne peut être le construc-

---

[1]. Il est bien possible que cette dernière excavation sépulcrale soit le tombeau de Kalbâ-Chebouâ.

teur du splendide sépulcre où les cendres des soldats de Titus, morts pendant le siége, ont été déposées.

Il est difficile de ne pas faire un rapprochement entre le nom d'aumône de la mangeaille et le souvenir de la pieuse femme qui sauva le peuple de Jérusalem de la famine. Cette fête commémorative une fois instituée, on se rend parfaitement compte du choix que les Juifs ont fait, à une époque que nous ignorons, du tombeau même de leur bienfaitrice pour célébrer la commémoration de ses bienfaits.

F. DE SAULCY.

APPENDICE

I.

BELLUM JUDAICUM, V, III.

2.

Mais Titus, voulant transporter son camp du Scopus vers un point plus rapproché de la ville, établit des postes contre les sorties, ayant choisi, parmi les cavaliers et les fantassins, le nombre qui lui semblait nécessaire pour repousser les survenants; puis il ordonna à tout le reste de ses forces de nettoyer le terrain jusqu'aux murailles (πρὸς μὲν τοὺς ἐκτρέχοντας ἔστησεν, ἐπιλέξας ἱππέων τε καὶ πεζῶν ὅσους ἀρκέσειν ὑπελάμβανε, τῇ δὲ ὅλῃ δυνάμει προςέταξεν ἐξομαλίζειν τὸ μέχρι τοῦ τείχους διάστημα). Ayant donc détruit toutes les clôtures et les haies dont les propriétaires avaient entouré leurs jardins et leurs vergers, ayant coupé tous les arbres qui s'y trouvaient, les lieux creux et raboteux furent comblés (τά κοῖλα καὶ χαραδρώδη τοῦ τόπου), et les rocs en saillie ayant été rasés par le fer, ils aplanirent tout le sol, à partir du Scopus jusqu'aux monuments d'Hérode, auprès de la piscine des Serpents.

3.

Pendant ces journées (καί κατὰ ταύτας τὰς ἡμέρας), les Juifs tendirent aux Romains un piége de la manière suivante : Les plus déterminés des rebelles, sortant des tours nommées Tours des Femmes (τῶν στασιαστῶν οἱ μὲν τολμηρότεροι προελθόντες ἔξω τῶν Γυναικείων καλουμένων πύργων), comme expulsés par les amis de la paix, et craignant l'attaque des Romains, se répandirent en s'appuyant les uns contre les autres (ἀνειλοῦντο καὶ παρ' ἀλλήλους ὑπέπτησσον). Mais ceux qui se tenaient sur la muraille, faisant semblant d'être des gens du peuple (δῆμος εἶναι δοκῶν), imploraient la paix, demandaient la main et appelaient les Romains, donnant leur parole d'ouvrir les portes (εἰρήνην ἐβόων καὶ δεξιὰν ᾐτοῦντο, καὶ τοὺς Ῥωμαίους ἐκάλουν, ἀνοίξειν ὑπισχνούμενοι τὰς πύλας). En même temps qu'ils criaient ces choses, ils jetaient des pierres aux leurs, comme pour les chasser des portes. Ceux-ci faisaient semblant de vouloir forcer l'entrée et de supplier ceux du dedans ; souvent, se jetant du côté des Romains (συνεχῶς τε πρὸς τοὺς Ῥωμαίους ὁρμήσαντες), ils revenaient sur leurs pas comme frappés de terreur. Leur ruse avait du succès parmi les soldats (παρὰ τοῖς στρατιώταις), et ceux-ci, comme s'ils tenaient déjà les uns voués au supplice, et espéraient que les autres allaient leur ouvrir les portes de la ville, s'ébranlèrent pour aller à l'action (ἐχώρουν ἐπὶ τὴν πρᾶξιν). Mais ces offres inattendues étaient suspectes à Titus ; car la veille, ayant, par l'entremise de Josèphe, invité les Juifs à capituler, il n'en avait reçu aucune réponse modérée, et alors, il ordonna aux soldats de garder leurs rangs (καὶ τότε τοὺς στρατιώτας κατὰ χώραν μένειν ἐκέλευσεν). Mais quelques-uns de ceux établis en ordre devant les travailleurs, saisissant leurs armes, purent courir vers les portes (φθάνουσι δέ τινες τῶν ἐπὶ τοῖς ἔργοις προτεταγμένων ἁρπάσαντες τὰ ὅπλα πρὸς τὰς πύλας ἐκδραμεῖν). Devant eux, ceux qui faisaient semblant d'être expulsés s'écartèrent d'abord. Mais lorsqu'ils furent arrivés entre les tours de la porte, revenant, ils les enveloppèrent et s'établirent derrière eux (τούτοις οἱ μὲν ἐκβεβλῆσθαι δοκοῦντες τὸ πρῶτον ὑπεχώρουν. ἐπεὶ δὲ μεταξὺ τῶν τῆς πύλης ἐγίνοντο πύργων, ἐκθέοντες ἐκυκλοῦντο σφᾶς, καὶ προσέκειντο κατόπιν). Ceux qui étaient sur la muraille leur jetèrent une masse de projectiles et de traits, de façon à en tuer beaucoup et à blesser le plus grand nombre. Il ne leur était pas facile de fuir du pied de la muraille, ceux qu'ils avaient à revers s'y opposant ; en outre, la honte de leur désobéissance et la crainte de la punition les faisaient persévérer dans leur faute. En conséquence, après un long engagement, dans lequel ils reçurent et donnèrent beaucoup de blessures, à la fin, ils s'ouvrirent un passage à travers le cercle qui les enserrait. Mais les Juifs les poursuivirent dans leur fuite jusqu'aux monuments d'Hélène, en lançant des traits (ὑποχωροῦσι δὲ αὐτοῖς οἱ Ἰουδαῖοι μέχρι τῶν Ἑλένης μνημείων εἵποντο βάλλοντες).

4.

Les Juifs, ensuite, s'exaltant grossièrement à cause de leur succès, raillaient les Romains de ce qu'ils s'étaient laissé attirer dans le piége, dansaient en frappant leurs boucliers et jetaient des cris de joie (ἔπειτα οἱ μὲν ἀπειροκάλως ἐξυβρίζοντες εἰς τὴν τύχην, ἔσκωπτόν τε τοὺς Ῥωμαίους δελεασθέντας ἀπάτῃ καὶ τοὺς θυρεοὺς ἀνασείοντες ἐσκίρτων, καὶ μετὰ χαρᾶς ἀνεβόων). Les soldats furent accueillis par les menaces des centurions et par César furieux, qui s'exprima ainsi : « Les Juifs, qu'inspire le désespoir seul, n'entreprennent rien qu'après avoir mûrement réfléchi et pris leurs mesures. La fortune favorise leurs ruses, à cause de leur docilité, à cause de leur bienveillance et de leur confiance réciproques. Mais les Romains, auxquels leur discipline et leur obéissance concilient habituellement la fortune, ont succombé aujourd'hui par leur renonciation à ces principes et par leur infraction aux règles (καὶ διὰ χειρῶν ἀκρασίαν), et parce que, ce qui est le comble de l'opprobre, ils ont engagé le combat sans chef et en présence de César (ἀστρατήγητοι μαχόμενοι παρόντος Καίσαρος). » Il ajouta que les lois militaires gémiraient cruellement, ainsi que son père, lorsqu'il apprendrait ce malheur, lui qui avait passé sa vie sous les armes et n'avait jamais commis pareille faute. Les lois punissent de mort celui-là même qui fait un peu moins que ce qu'il a reçu l'ordre de faire. Cette fois, on a vu l'armée entière coupable de l'abandon de son poste (νῦν δὲ ὅλην στρατιὰν ἑοράκασι λιποτακτεῖν). Ceux qui ont été coupables d'une telle audace vont apprendre que, chez les Romains, il est même honteux de vaincre sans commandement.

Lorsque Titus eut prononcé avec indignation ces paroles devant les chefs des légions, on ne douta point qu'il ne voulût appliquer la loi dans toute sa rigueur à tous les coupables. Ceux-ci commencèrent à perdre l'espérance, comme s'ils devaient recevoir bientôt une mort qu'ils avaient méritée. Mais les légions entourèrent Titus, l'implorèrent pour leurs compagnons d'armes (συστρατιωτῶν) et le supplièrent d'accorder la grâce d'un petit nombre au bon vouloir de tous (καὶ τὴν ὀλίγων προπέτειαν χαρίσασθαι τῇ πάντων εὐπαθείᾳ κατηντιβόλουν), les coupables devant racheter leur faute présente par leurs bons services dans l'avenir.

5.

Titus se laissa persuader par ces prières, et parce que la clémence était dans sa pensée. Il était d'ailleurs d'avis que la faute d'un coupable isolé devait recevoir son châtiment, tandis que celle d'hommes nombreux ne devait être punie que par des paroles.

II.

GABAA EST LE LIEU DE NAISSANCE DE SAUL.

La vraie forme de ce nom est Djebaâ (hébreu, גבע). Beaucoup de localités l'ont porté dans l'antiquité et le portent encore, parce qu'il était significatif et désignait simplement une colline. Le mot جبع est toujours employé par les Arabes pour dénommer les localités antiques de ce nom; mais je ne crois pas qu'ils y attachent aucun sens déterminé. Il est extrêmement important de fixer la position de la Gabaâ désignée dans l'itinéraire de Paula vers Jérusalem, puisqu'à cette position se rattache assez étroitement la fixation du lieu où se trouvait le tombeau d'Hélène, reine d'Adiabène. C'est ce que je vais faire. Je commence par rappeler le passage de l'*Epitaphium* de Paula où il est question de cette localité (Ed. Martianay, t. IV, p. 673):

« ....Ad dexteram aspiciens Aialon et Gabaon, ubi Jesus filius Nave contra quinque reges dimicans, soli imperavit et lunæ, et Gabaonitas ob dolos et insidias fœderis impetrati, in aquarios lignariosque damnavit. In Gabaa urbe usque ad solum diruta, paululùm substitit, recordata peccati ejus et concubinæ in frusta divisæ et tribus Benjamin trecentos viros, propter Paulum apostolum reservatos. Quid diù moror, etc., etc. Quumque Proconsul Palæstinæ qui familiam ejus optimè noverat præmissis apparitoribus, jussisset parari prætorium, elegit humilem cellulam. »

En quittant la Plaine des Philistins pour monter à Beithoron (Beithour-el-Fouqah), Paula laissait effectivement sur sa droite, et à très-faible distance, Aialon (Yaloun). Elle laissait de même sur sa droite, mais beaucoup plus loin, Djebaâ, qui peut très-bien n'être que la Gabaon de saint Jérôme. Ne serait-il pas étrange, en effet, qu'il y eût eu deux localités distinctes, l'une nommée Gabaâ et l'autre Gabaon, dans la même direction et presque l'une sur l'autre? D'ailleurs, nous verrons plus loin que, dans l'Histoire sainte, cette même localité reçoit indifféremment le nom de Djebaâ et de Djebaoun. Quoi qu'il en soit, il résulte toujours de la lecture du passage de saint Jérôme, que sa Gabaon était la patrie des rusés Gabaonites.

Paula venait donc, en dernier lieu, de Gabaå lorsqu'elle entra à Jérusalem.

Où était et quelle était Gabaå?

Je dis d'abord que c'était la Gabaå patrie de Saül. En voici la preuve, fournie par saint Jérôme lui-même (*Comm. in Osee prophetæ* cap. v, Ed. Martianay, p. 1269, t. III).

« Istæ autem duæ sunt in tribu Benjamin, vicinæ sibi mutuò civitates, id est Gabaa in qua natus est Saül, et Rama quæ est juxta Gabaa, in septimo lapide à Hierosolymis sita; et quam rex Israël occupare conatus est, ut exitum et introïtum clauderet tribui Judæ. »

De ce passage il résulte :

1° Que la Gabaå, patrie de Saül, était très-voisine de Rama, et à sept milles de Jérusalem ;

2° Qu'un roi d'Israël la fortifia contre la tribu de Juda.

Sept milles, à 1481 mètres, nous donneraient 10,367 mètres. Voilà une première distance à noter. Mais « in septimo lapide » veut certainement dire au delà du sixième mille, et rien de plus. Le sixième mille est à 8,886 mètres de la porte de Jérusalem. Gabaå est donc au delà, et à une distance indéterminée. Or, la Djebaå moderne, qui a pris la place de la Gabaå antique, est, à vol d'oiseau, à 8,200 mètres de la porte de Jérusalem. Il serait difficile de rencontrer un accord plus satisfaisant, puisqu'en ajoutant à 8,200 un dixième en sus pour les sinuosités de la route, nous avons 8,200 plus 820, qui nous donnent une distance réelle de 9,020 mètres.

Dans le commentaire au prophète Sophonias (cap. I, Ed. Martianay, t. III, p. 1655), le même saint Jérôme nous dit :

« Vix ruinarum parva vestigia in magnis quondam urbibus cernimus. Silo tabernaculum et arca testamenti Domini fuit : vix altaris fundamenta monstrantur. Gabaa, illa civitas Saülis, usque ad fundamenta diruta est. Rama et Bethoron et reliquæ urbes nobiles à Salomone constructæ, parvi viculi demonstrantur. »

Comparons ce passage à l'*Epitaphium Paulæ*.

Ici, nous trouvons : « Gabaa, illa civitas Saülis, usque ad fundamenta diruta. » Dans l'*Epitaphium* : « In Gabaa urbe usque ad solum diruta, paululùm substitit. »

Évidemment, il s'agit d'un seul et même lieu, auquel les mêmes expressions s'appliquent sous la plume de saint Jérôme.

Donc la Gabaa où s'arrête un peu Paula, c'est la Gabaa cité de Saül. Sur ce point, plus de doute possible.

Poursuivons, et voyons maintenant ce que nous pourrons tirer de Josèphe.

Dans les *Antiquités judaïques* (VIII, xii, 4), nous lisons qu'Asa, roi d'Israël, ayant rassemblé tous les matériaux nécessaires pour construire Aramathon (c'est évidemment une Rama quelconque qui se cache sous ce nom), bâtit au même lieu deux places fortes, dont l'une est Gaba et l'autre Maspha.

On le voit, le passage de saint Jérôme extrait du commentaire à Osée, et cité tout à l'heure, n'est que la contre-partie de cette mention de Josèphe :

« Et quam rex Israël occupare conatus est, ut exitum et introïtum clauderet tribui Judæ. »

De ces deux passages mis en présence l'un de l'autre, il résulte :

1° Que Gaba et Maspha de Josèphe sont identiques avec Gabaa et Rama de saint Jérôme;

2° Que, de plus, la Gabaa fortifiée par Asa, roi d'Israël, est la Gabaa patrie de Saül;

3° Que l'une et l'autre sont en deçà de sept milles, ou de 10,367 mètres, mais à plus de 8,886 mètres de Jérusalem.

Dans les *Antiquités judaïques* (VI, vi, 2), nous lisons encore que Saül se retira :

Εἰς Γαβαὼν πόλιν ἔχων ἑξακοσίους μεθ' ἑαυτοῦ μόνον, ἧκε σὺν Ἰωνάθῃ τῷ παιδί.

A coup sûr, Saül s'est retiré dans sa ville natale en cette circonstance.

Donc, la Gabaa de saint Jérôme, la Gaba de Josèphe (passage précédent) et la Gabaôn du même Josèphe ne sont qu'une seule et même ville.

Dans les *Ethniques* d'Étienne, ce même passage de Josèphe est reproduit avec cette variante, que la ville où se retira Saül est nommée Γαβαουπόλις.

Au chapitre xi, § 7 du liv. VII des *Antiquités judaïques*, Josèphe raconte que Joab, marchant à la poursuite de Sabæus, parvint à Gabao (Γαβαῷ (κώμη δ'ἔστιν αὐτὴ σταδίους ἀπέχουσα τεσσαράκοντα τῶν Ἱεροσολύμων).

Quoique la chose semble probable, rien ne prouve que cette Gabaô soit encore la même. Celle-ci est à quarante stades de Jérusalem, c'est-à-dire à quarante fois 185 mètres (7,400 mètres). Cela ne s'accorde guère avec les sept milles ou 10,367 mètres de saint Jérôme.

Ici, la Gabaô de Josèphe est un simple bourg (κώμη).

Au livre VII (I, 3), nous lisons le récit d'une bataille engagée près de Gabaô, entre les partisans du fils de Saül et ceux de David :

Καὶ περιτυχὼν ἐπί τινος κρηνίδος ἐν Γαβαῷ πόλει παρατάσσεται πρὸς μάχην.

Cette Gabaô est-elle la même que la précédente? Cela paraît probable. Mais ici elle reçoit le titre de πόλις.

Nous allons retrouver maintenant des passages où l'incertitude n'est plus permise.

Au livre VI (IV 6) des *Antiquités judaïques,* nous voyons que Saül, proclamé roi, se rend à Gabatha, où il est né :

Σαούλῳ δ'ἀπερχομένῳ εἰς Γαβαθὴν, ἐξ ἧς ὑπῆρχε.

Cette fois, Josèphe appelle Gabatha la ville natale de Saül. Cela n'est pas douteux.

Au livre VI (VIII, 1), nous lisons que le roi Saül, comprenant que le malheur qui lui arrivait venait de ce qu'il avait irrité Dieu contre lui, se retira à la demeure royale de Gaba (nom qui signifie une colline).

Voilà, cette fois, Josèphe qui appelle Gaba le lieu de naissance de Saül.

Quel est le nom que l'Écriture donne au lieu de naissance de Saül ? Le voici (*Chroniques,* I, IX) :

35. A Djebâoun demeurait le père de Djebâoun, Ieooel, et le nom de sa femme (était) Maakhah.
36. Son fils aîné Abdoun; puis Sour, et Kis, et Baâl, et Ner et Nadab.
37. Et Djedour et Akhiou, et Zakhariah et Miklout.
38. Et Miklout engendra Schemam...
39. Ner engendra Kis; et Kis engendra Saül (Schaoul); et Saül engendra Jehounathan, et Malkisouâ, et Abinadab et Asbàal.

Donc Djebâoun et Gaba, c'est tout un.

APPENDICE.

Dans les mêmes *Antiquités judaïques* (V, II, 8 à 11), nous lisons le récit du fait abominable qui amena la destruction de Gaba, lorsque le Lévite eut envoyé dans les douze tribus d'Israël le cadavre de sa femme, dépecé en douze morceaux, pour demander vengeance du crime des jeunes hommes de Gaba.

Ce récit nous présente quelques particularités importantes. Le Lévite en question habitait dans le territoire de la tribu d'Éphraïm. La femme qu'il avait épousée était de Bethléem, de la tribu de Juda. Lorsque, après quelques mois de séparation, il alla la rechercher chez ses parents, une fois réconcilié avec elle, il se mit en marche pour regagner son pays. Comme ils étaient arrivés près de Jérusalem (κατὰ τὰ Ἱεροσόλυμα (σταδίους δ' ἐληλύθεισαν ἤδη τριάκοντα), ils ne s'y arrêtèrent pas, parce que c'était une ville appartenant aux Chananéens, et le mari, malgré l'approche de la nuit, aima mieux faire vingt stades de plus pour atteindre une ville des Israélites. Cette ville, c'était Gaba, de la tribu de Benjamin, où un vieil Éphraïmite leur donna l'hospitalité. Inutile de raconter le reste de l'histoire; mais discutons les chiffres fournis par Josèphe. De Beit-lehm à Jérusalem, le Lévite et sa femme avaient fait trente stades. Or, trente stades c'est 30 × 185 = 5,550 mètres. Il y a certainement plus du double de cette distance de Beit-lehm à Jérusalem. Premier chiffre inadmissible.

De Jérusalem à la Gaba où le Lévite reçoit l'hospitalité, il n'y a que vingt stades, soit 20 × 185 = 3,700 mètres. Voyons ce qui résulte de ce chiffre.

Nous avons vu que, pour saint Jérôme, la Gabaa où s'arrête Paula est bien celle où est né Saül; de plus, c'est celle où le cadavre de la malheureuse femme a été dépecé. Donc, pour saint Jérôme, cette dernière Gabaa est à sept milles de Jérusalem. Pour Josèphe, elle n'est qu'à vingt stades. Entre ces deux distances, il y a 6,667 mètres de différence! Bagatelle!

Encore un chiffre de Josèphe inadmissible. Mais nous ne sommes pas au bout de notre intéressante recherche.

Dans la *Guerre judaïque* (II, XIX, 1), nous lisons que Cestius, marchant sur Jérusalem, διὰ βαιθωρῶν ἀναβὰς στρατοπεδεύεται κατά τινα χῶρον Γαβαὼ καλούμενον, ἀπέχοντα τῶν Ἱεροσολύμων πεντήκοντα σταδίους.

La Gabaô où campa Cestius est à cinquante stades de Jérusalem, soit 50 × 185 = 9,250 mètres, c'est-à-dire plus de deux lieues.

Puis, quand Titus, à son tour, marche sur Jérusalem (*Bell. Jud.*, V, II, 1), il campe dans le lieu que les Juifs appellent la Vallée des Épines, dans leur langue maternelle, auprès d'un village nommé Gabath-Saoul (ce nom signifie la Colline de Saül) : διέχων ἀπὸ τῶν Ἱεροσολύμων ὅσον ἀπὸ τριάκοντα σταδίων.

Ce passage est d'une extrême importance. En effet, il concerne bien la Gabath-Saoul, c'est-à-dire le lieu de naissance de Saül, et, par une conséquence forcée maintenant, le lieu où s'est arrêtée Paula. Or, il est proche de la vallée des Épines, et aujourd'hui l'Ouad-Abou'z-Zaârour, dont le nom a exactement la même signification, s'ouvre justement au-dessous de Djebaâ, tout près de Naby-Samouïl.

Me permettra-t-on de voir dans cette Djebaâ moderne Gaba, Gabaô, Gabaon, Gabatha, Gabaoupolis, Gabath-Saoul, dont je viens de démontrer l'identité? J'ose l'espérer.

Cette fois, Josèphe donne trente stades pour la distance du lieu de naissance de Saül à Jérusalem. Trente stades, c'est $30 \times 185 = 5{,}550$ mètres, et ce chiffre est tout aussi mauvais que les autres.

Il ne sera pas dénué d'intérêt de rapprocher les différents chiffres que je viens de recueillir :

Pour saint Jérôme, Gabaa est à.................. 10,395 mètres de Jérusalem.
Pour Josèphe, Gabath-Saoul et la vallée des Épines, à........................... 5,550 — —
Gabaô, où campe Cestius, à.............. 9,250 — —
(Il est fort probable que c'est là aussi que Titus a campé.)
Gabaô, où va Joab en poursuivant Sabæus, à. 7,400 — —
Enfin Gaba de Benjamin, où la morte est dépecée, à........................... 3,700 — —

Or, dans ce tableau, les distances 10,395 mètres, 5,550 mètres et 3,700 mètres se rapportent à une seule et même localité. Il ne peut donc y en avoir qu'une de bonne sur les trois. Je n'hésite pas à dire que c'est celle de saint Jérôme.

Au reste, nous ne sommes guère en droit de nous étonner de la diversité des noms appliqués à la même localité, puisque, à propos de la défaite des Philistins, nous lisons : « David fit ainsi que lui avait ordonné l'Éternel; il battit les Felichtim depuis Djebaâ jusqu'à Djézer » (Samuel, II, v, 25).

« David fit comme Dieu lui avait ordonné; il battit les Felichtim depuis Djebâoun jusqu'à Djezerah (Chroniques, I, xiv, 16).

Donc Djebaâ et Djebâoun, c'est-à-dire Gaba et Gabaon, c'est tout un.

Il resterait à rechercher quelle fut la patrie des Gabaonites, qui furent assez rusés pour tromper Josué et éviter le sort de Jéricho et d'Aï; mais cela m'entraînerait trop loin de mon sujet. Je me contenterai de dire que Josèphe, dans les *Antiquités judaïques* (V, 1, 16), s'exprime ainsi à leur sujet : Γαβαωνίται δὲ κατοικοῦντες ἔγγιστα τοῖς Ἱεροσολύμοις, et un peu plus loin : καὶ μαθὼν οὐ πόρρω τῶν Ἱεροσολύμων τοὺς Γαβαωνίτας κατῳκημένους.

Ils étaient donc bien voisins de Jérusalem.

Je ne me fais aucun scrupule de déclarer que, pour moi, les Gabaonites étaient les habitants de la ville dont je viens de m'occuper si longuement.

Quoi qu'il en soit, il n'en demeure pas moins établi que la Gabaâ où s'arrêta Paula est bien la Djebaâ voisine de Beit-Hour-el-Fouqah et de Naby-Samouïl; que par conséquent Paula, pour se rendre à Jérusalem, dut suivre la route actuelle, qui, partant de Naby-Samouïl ou de Djebaâ, vient passer devant le Tombeau des Juges, et aboutit à la Porte de Damas, ou Bab-el-Aâmoud. C'est là ce que je voulais démontrer.

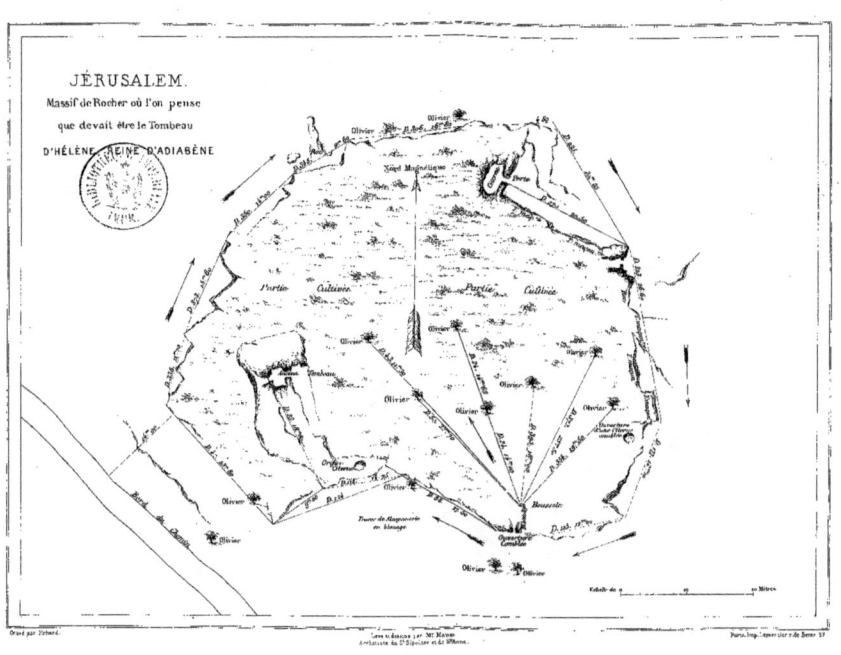

www.ingramcontent.com/pod-product-compliance
Lightning Source LLC
LaVergne TN
LVHW021707080426
835510LV00011B/1630